LAND DER HORIZONTE

AF567347

FLYING KIWI

Copyright by Kim Schmidt & Flying Kiwi Media GmbH

Bibliografische Information der Deutschen Bibliothek
Die Deutsche Bibliothek verzeichnet diese Publikation in der Deutschen Nationalbibliografie;
detaillierte bibliografische Daten sind im Internet über http://dnb.de abrufbar.

Schmidt, Kim:
Die Local Heroes Band 15, Land der Horizonte, Dollerup: Flying Kiwi Verl. 2013
ISBN 9783940989130

Die Local Heroes erscheinen u.a. regelmäßig in allen Zeitungsausgaben des sh:z und im Bauernblatt Schleswig-Holstein

Flying Kiwi Media GmbH
Schulstr. 5
24989 Dollerup
Tel.: (0 46 36) 97 68 299, Fax: (0 46 36) 97 68 298
Email: info@flying-kiwi.de

2. Auflage 2014

Druck: CPI books GmbH / Leck, Inhalt gedruckt auf Recyclingpapier

Nachdruck, auch auszugsweise, nur mit dem schriftlichen Einverständnis des Autors, Mitglied der Dan Daboy Studios.
Der Preis versteht sich inklusive der gesetzlichen Mehrwertsteuer.

Besuchen Sie uns auch im Internet unter
www.flying-kiwi.de
www.flying-kiwi-shop.de
www.kim-cartoon.com
www.comiczeichenkurs.de
www.guellerup.de
www.landleben.sh

NA? AUCH GUTE VORSÄTZE?

KAMINHOLZ GIBT SO EINE SCHÖNE, WOHLIGE WÄRME!
KINN

ICH SOLL HEUTE
ZUM KUHSTÜM-FEST!

WER MELDET SICH FREIWILLIG ZUR DSCHUNGELPRÜFUNG?
KIM

ÄH... ICH HABS GANZ DOLL IM RÜCKEN!
KIM

OHA! ES IST MAL WIEDER GRÜNKOHL-ZEIT!
GRÜNKOHL IST MIR WURST!
Kim

ICH HAB ZU MEINER FRAU GESAGT:
WAS SOLLS! LASS EINFACH HÄNGEN!
Kim

HATS GESCHMECKT?

ÄTSCH! JETZT SIND WIR ABER MAL WIEDER IN DER PRESSE!
BIO-EIER SKANDAL

IN DER STADT KÖNNT' ICH NICHT LEBEN
- ALLES VOLLER HUNDEKACKE!
25
SL : GÜ 13

ICH GEH IN DEN GARTEN, SCHATZ!
HAST DU DEINE HERZTABLETTEN GENOMMEN?

LOTTO GEWINN?
KONFIRMATION!

MORGEN? WAS SOLL MORGEN DENN WICHTIGES SEIN?
MUUUHTTERTAG!

NA, DU FETTE SAU?!
DER KANN MIT DEN FRAUEN UM!

PSSST! MACHEN SIE AUCH INTIM-PIERCINGS?

IN DER MODERNEN LANDWIRTSCHAFT HEISST ES HEUTZUTAGE: WACHSEN ODER WEICHEN !
Kim

WIR STEIGEN GANZ GROSS EIN IN DEN EMISSIONSHANDEL!

So!
DEN KLAUT UNS KEINER MEHR!

HABEN SIE DAS BUCH "KUH VADIS"?
BÜCHEREIVE
FAHRBÜCHEREI
FAHRBÜCHEREI

ICH HAB NUR 'N MINIJOB!
Kim

ICH LIEBE PICKNICK!
KiM

TJA...
DEIN AKKU
IST LEER!
NA TOLL! HIER GIBTS
DOCH WEIT UND BREIT
KEINEN STROM!

UND WENN DIE SONNE MAL NICHT SCHEINT?
Kim

ER SAGT, DAS IST ÖKOLOGISCH!
ICH SAGE, DAS IST GEIZIG!
Kim

KENNST DU DEN SPRUCH "ARBEIT ADELT"?
KENNST DU DEN SPRUCH "KLEI MI ANNE MORS"?
KIM

DER MEINT,
ICH BIN SCHLANK!

WARST DU UNARTIG?
Kim

ICH ERNÄHRE MICH NUR NOCH BIO!
KIM

ACH, GIBTS DIES JAHR ERDBEEREN?
KiNN

FOFFTEIN!

DIE HABEN NERVEN!
WIR LEGEN UNS DOCH AUCH
NICHT AUF IHR MITTAGESSEN!

JA WO IS'N JETZE DIT HOCHWASSER?
IN BAYERN!

SCHNELL! DA VERSUCHEN WIEDER WELCHE, IHRE STRAND-MUSCHEL ZUSAMMEN ZU FALTEN!
„FASSEN SIE MIT DER RECHTEN HAND DEN PUNKT Ⓐ UND DREHEN SIE DIESEN UM 90 GRAD IN RICHTUNG PUNKT Ⓑ..."
KEUCH!

KIEK AN: DER WIND HAT LEICHT AUFGEFRISCHT!

MAMA, DU SAGST DOCH IMMER "SAND REINIGT DEN MAGEN"!
SCHNARCH
16
LENZ

NEIN, DIES IST NICHT DER BUS NACH RISUM-LINDHOLM!
Globetrotter

MEIN LIEBER SCHOLLI! DIE TRECKER WERDEN AUCH IMMER RIESIGER!

GEH, SIEH'S HALT SO, VRONI: DU WOLLTEST DOCH AN WASSERBLICK!
FERIEN-WOHNUNG
BELEGT

TOLL! DU FLIEGST MORGEN IN DEN URLAUB? WOHIN DENN?
SYLT!

MANTJE, MANTJE, TIMPE TE,
BUTTJE, BUTTJE IN DE SEE!
LAN 18
PST!
FÜR DICH!
KIM

MIENE FRU, DE ILSEBILL, WILL NICH SO AS IK WOHL WILL!
DA EMPFEHLE ICH IHNEN EINE PAAR-THERAPIE!
LAN 18

MANTJE, MANTJE, TIMPE TE,
BUTTJE, BUTTJE IN DE SEE...
?
BETRIEBS-
FERIEN
VOM 1.-14. JULI
LANI

NA? KURZ EINGENICKT, WA?
SAR
WERNER KUNTZE

I'M ON THE HIGHWAY TO HELL!
ACH DU SCHEISSE! SCHLACHTHOF?
NEE, WACKEN!
DLG
KIM & HOLTSCHO

WENIGSTENS STEHEN WIR NICHT IM STAU!
NOK
Express
Shuttle

ÄH, HALLO!?! HAT MAL JEMAND GRAD 'NE LUFTPUMPE DABEI?

JA, WIR HABEN DAS WANDERN FÜR UNS ENTDECKT!
UND WIR, WIR HABEN DAS CHILLEN FÜR UNS ENTDECKT!

ÜBERALL NUR NOCH MAIS, MAIS, MAIS! DAS IST DOCH EINFACH...
SPITZE!
MAMPF!
KNURPS!

UND WEM WIRST DU AM WOCHENENDE DIE HUFE DRÜCKEN?
DEM HSV!

HALLO?! FINGER WEG!
ICH HATTE IHN ZUERST!
Kim

EIN WOLF? HIER IN DER GEGEND? WIE KOMMST DU DARAUF?
INTUITION.

FÜR UNSERE SUITE MIT MEERBLICK BERECHNEN WIR ALLERDINGS AUCH IN DER NACHSAISON EINEN KLEINEN AUFPREIS!
Pension Kiesewetter

MAYAKALENDER - SO'N QUATSCH! UND IHR HABT TATSÄCHLICH GEGLAUBT, DIE WELT GEHT UNTER!
1A Weihnachts-gänse
KiW

BUMM!
PENG!
PFEIF!
ACH DU SCHEISSE! DER MAYAKALENDER HATTE DOCH RECHT!
KRACH!
PAFF!